日本共産党第29回大会
第4回中央委員会総会

目次

日本共産党が2025年1月10、11の両日開いた第4回中央委員会総会で採択した決議は次の通りです。

第4回中央委員会総会決議

第4回中央委員会総会の任務について

能登地震から1年、亡くなられた方々への深い哀悼と、被災された方々への心からのお見舞いを申し上げる。日本共産党として復旧・復興に引き続き全力をあげる決意である。

第4回中央委員会総会は、参議院選挙・都議会議員選挙の勝利、第29回党大会が決めた党建設の目標をやりとげる展望を開くことをめざし、次の三つを主題として開かれた。①「新しい政治プロセス」のもとでの日本共産党の政治任務を明らかにし、参議院選挙をたたかう基本方針をしめす。②総選挙の教訓を明らかにし、ただちに参院選・都議選勝利の活動に生かす。③選挙勝利のとりくみと一体に世代的継承を軸とした党づくりをどうすすめるか、到達点をふまえ活動の方針と目標達成への展望を明らかにする。

今日の国際情勢をどうとらえ、世界にどう働きかけるか、「共産主義と自由」をはじめ綱領と科学的社会主義に関する理論問題については、志位議長が新春インタビューで明らかにしている。この内容を、活動の土台とし、指針にすることは、世界と日本の社会進歩の事業の前途を大局的にとらえ、理論的な確信をもって活動するうえで重要であり、全党がよく読み、討議し、その内容をつかむことをよびかける。

一、「新しい政治プロセス」を前にすすめる――日本共産党の政治任務

⑴総選挙後の情勢と、日本共産党の政治的任務

自公過半数割れという総選挙の結果、国民が自民党政治に代わる新しい政治を模索・探求する「新しい政治プロセス」が始まった。日本の政治は、大きな激動が予想される流動的局面に入った。

自公政権は、予算案も法案も与党だけでは成立させることができず、かつてない危機的状況にある。しかし、裏金事件に無反省、企業献金にしがみつき、財界・大企業中心、日米軍事同盟絶対という「二つのゆがみ」には指一本触れず、さらなる大軍拡など暴走を加速させている。一部野党を抱き込んでの危機の打開をはかっているが、そうした小手先の取り繕いは、国民との矛盾をいっそう深めざるをえない。

国民民主党と日本維新の会は、「１０３万円の壁」や「教育無償化の協議会」という部分的改良での「合意」を理由に、臨時国会で、大軍拡、大企業への巨額補助金という二つの大問題を抱えた補正予算に賛成し、自公政権の延命に加担した。これらの党は、自民党政治の「二つのゆがみ」を基本路線として共有しており、「自民党政治を変えてほしい」という国民との根本的な矛盾を抱えている。

日本共産党は「新しい政治プロセス」を前にすすめるためにどうたたかうか。

第一に、国民の切実な要求の実現のために、あらゆる可能性を追求する。選択的夫婦別姓、学校給食無償化、学費値上げ中止、マイナ保険証強制をやめ現行保険証の存続、消費税減税、企業・団体献金の禁止をはじめ、国民とともに

あらゆる分野で要求運動を起こし、国政を動かしていく。

第二に、国民の要求を実現しようとすれば、「二つのゆがみ」にぶつからざるをえない。「政治の大もとを変える党」として、「二つのゆがみ」に正面から切り込み、自民党政治を終わらせるたたかいの先頭にたって奮闘する。

(2)参議院選挙の意義と目標について

参議院選挙は、「新しい政治プロセス」を前にすすめるうえできわめて重要な選挙となる。

自民・公明に厳しい審判を下し、自民党政治を終わらせる展望をひらく選挙にしていこう。自民党政治の延命に加担する勢力が伸びても政治は変わらない。日本共産党の躍進こそ、新しい政治への展望を開く最大の力である。市民と野党の共闘の新しい発展のために可能な努力をはらう。

比例代表を軸に、「650万票、得票率10％以上」、改選4から5議席への躍進を果たす。選挙区では、東京、埼玉、京都の現有議席を絶対確保する。神奈川、愛知、大阪など複数区を中心に議席増に挑戦する。比例5議席獲得を全国すべての党組織の任務とし、地区委員会と支部まで、比例の得票目標・支持拡大目標を持ち、達成に全力をあげる。

6月の都議会議員選挙は、都民の暮らしにとって重要な意義をもつとともに、連続する参議院選挙に大きな影響をあたえる。参議院選挙勝利と一体に、全国の力を集中し、都議選勝利に全力をあげる。

政治情勢はきわめて流動的であり、いつでも解散・総選挙に対応できるよう必要な準備をすすめる。

(3)参議院選挙をたたかう政治論戦の基本①
――政策的訴え

1、カネで動く政治を終わらせる

――裏金事件の幕引きを許さず、国会の証人喚問で真相究明を

――企業・団体献金の全面禁止、政党助成金の廃止を

石破首相も自民党も、裏金問題での真相解明に背を向け、政倫審での弁明をもって幕引きをはかろうとしている。「企業献金禁止は憲法に抵触する」などの暴論まで主張し、企業献金禁止を何がなんでも阻止しようとしている。企業・団体献金は、財界の利益優先に政治をゆがめ、国民の暮らしを押しつぶすテコになっているとともに、国民の参政権を侵害するものであり、その禁止は政治改革の最優先課題である。

2、暮らしの困難を打開し、安心とゆとりを

自民党政治のもとで30年という長期にわたる経済の停滞と衰退――「失われた30年」が続き、暮らしの困難が続いている。長年にわたって賃金があがらず、年金は減り、消費税増税と社会保障の負

担増が繰り返され、学費値上げなど教育費の負担が重くなり、中小業者・農林漁業者が深刻な苦境にあり、家計が疲弊しきっているところに、物価高騰が襲いかかった。その痛みは激烈である。

異常な長時間労働によって、人間らしい暮らしが壊されている。働く人の命や健康を守るためにも、子どもと向き合い、家族とのだんらん、趣味や文化・スポーツ、社会的交流のためにも、「自分の時間」が欲しいという願いは切実である。

暮らしに安心とゆとりを――そのために、働き方、税制、社会保障、教育費負担、農業など暮らしにかかわる政治の全体の改革を求めてたたかう。

――大幅賃上げと労働時間短縮で、ほんとうに豊かな暮らしを

大幅賃上げのためには、大企業の空前の利益が、労働者の賃金にも、取引企業の単価引き上げにも回らずに、内部留保が巨額に積みあがる――この日本経済の構造的なゆがみに切り込むことが必要である。政治の責任を果たせと迫ろう。

賃上げとともに、労働時間短縮の切実な要求にこたえるたたかいを発展させよう。それはジェンダー平等の日本をつくるうえでも重要である。労働運動の原点に立ち、残業規制の強化とともに、「1日7時間、週35時間労働」をめざす世論と運動を起こそう。

――生計費に課税するな、消費税減税、大企業・富裕層に応分の負担を

生活していくために最低限必要なお金には税金をかけない（生計費非課税）、負担能力に応じた課税（応能負担）という原則に立ち、公正な税制への改革を求める。消費税は廃止をめざし、ただちに5％に減税、インボイスを廃止しよう。

――世代間対立をあおるのでなく、公的支出を増やしすべての世代をささえる社会保障を

「現役世代の負担軽減」を口実に高齢者の社会保障を削減する政治は、現役世代にも負担や将来不安をもたらしている。この動きの根底には、自らの社会保障負担を減らそうという財界・大企業の身勝手な姿勢がある。物価高騰にふさわしい年金に引き上げ、医療・介護などの基盤崩壊を止め、ケア労働者の処遇改善をすすめるために、公的支出を増やして、すべての世代をささえる社会保障をつくろう。

――学費値上げストップ、教育費ゼロの日本に

国公私立大学の学費値上げラッシュが起きている。総選挙では、すべての主要政党が、学費の「無償化」や「負担軽減」を公約した。目の前の学費値上げを見過ごすのかがすべての政党に問われる。「学費値上げを中止するための緊急予算措置」を実行させ、値上げ中止とともに、学費値下げ、無償化に向かおう。学校給食無償化をはじめ義務教育の完全無償化、高等学校の授業料の完全無償化を実現しよう。

――食料の自給率向上、安定供給を

日本の食料自給率はわずか38％。ところが政府は食料自給率向上の目標を公然と投げ捨てようとしている。食料の安定供給の責任を放棄した政治が、コメ不足という深刻な事態を引き起こした。農家・農地の急減、酪農の苦境など、日本の農業は危機的状況にある。農業を基幹産業として位置付け、農家の所得を増やし、担い手を応援する。

――責任ある財源論をもつ党でこそ、困っている人の暮らしを守れる

自公政権は、大軍拡、大企業への大盤振る舞いを、まともな財源を示すことなく突き進むという無責任な放漫財政を行っている。それは国民生活の破壊をもたらすとともに、戦争への道でもある。戦前、国債の大量発行で大軍拡をすすめ、無謀な侵略戦争に突き進んだ痛苦の反省にたって、戦後、憲法9条を財政の面からも保障するものとして、財政法4条で赤字国債発行を禁止した歴史の教訓を忘れてはならない。

一部野党も、あれこれの政策を財源の裏付けなしに主張するもとで、日本共産党は、暮らしのための積極財政の提案を、責任ある財源論とセットで掲げる唯一の政党となっている。大企業と富裕層への応分の負担、大軍拡中止によって財源を生み出し、暮らしにあてる。この道でこそ、困っている人の暮らしを守り、平和をつくることができる。経済を立て直し、最も積極的で責任ある経済政策を持つ党であることを訴えよう。

3、戦争の心配のない東アジア、核兵器のない世界を

石破自公政権が、「日米同盟強化」の名で、敵基地攻撃能力保有と空前の大軍拡、日米の指揮・統制の一体化をすすめ、「戦争国家」づくりの道を暴走していることは、地域と世界の平和と安定に重大な逆流をつくりだしている。他方、北朝鮮がロシアと相互の軍事援助の取り決めをし、ウクライナ侵略への加担を始めたことは重大である。中国の東シナ海などでの現状変更の動きも緊張を高めている。双方が対抗しあい、軍事対軍事の危険な悪循環をつくりだしている。この先に平和は決して訪れない。

――平和も暮らしもこわす大軍拡ストップ、憲法9条を生かした平和の外交を

トランプ米新政権のもとで、さらなる大軍拡への圧力が強まろうとしている。石破首相は軍事費を「ＧＤＰ比2％以上」とすることを否定していない。アメリカいいなりで憲法をこわし、国民を戦争の危険にさらす歯止めなき大軍拡を中止させよう。

どうしたら戦争の心配のない東アジアをつくることができるか。世界には「対話と包摂で平和をつくる」流れが着実に前進している。日本共産党の「東アジア平和提言」は、この世界の本流に立つものであり、ブロック政治に反対し、外交で平和をつくろうという平和の連帯を国内外に広げる大きな力となっている。平和の対案を大いに語ろう。

――辺野古米軍新基地建設の中止、日米地位協定の抜本改定を

辺野古米軍新基地建設は、政治的にも、技術的にも破たんしている。新基地建設中止、普天間基地の即時閉鎖・撤去こそ、唯一の解決策である。

米兵による少女への性暴力事件を隠ぺいし、米軍機の危険な訓練を野放しにし、ＰＦＡＳ汚染の対策も求めない、米軍に世界でも類のない治外法権的特権を与えている日米地位協定の抜本改定を求めよう。

――被爆80年、唯一の戦争被爆国として核兵器禁止条約への参加を

日本被団協のノーベル平和賞受賞は、核兵器廃絶への大きな激励

となった。被爆者の偉大な歴史的貢献は、核兵器の非人道性を身をもって世界に訴え、核軍縮交渉に「人道的アプローチ」という人間の血がかよった新たな観点をもたらし、核兵器禁止条約への道を開いたことにある。

日本政府は、「核兵器の非人道性」を言いながら、米軍の核使用に日本が関与する核抑止力の強化に踏み出している。「いざとなったら核兵器を使う」ことを前提とする核抑止と、「核兵器の非人道性」を認めることは根本的に矛盾する。被爆80年の今年、日本政府に対して、核抑止の呪縛を断ち切って、核兵器禁止条約にすみやかに参加することを強く求めるたたかいを起こそう。

——ガザでのジェノサイドの即時中止、ウクライナ戦争の「公正な和平」による終結を

4、気候危機打開へ——2035年までに温室効果ガス75～80%の削減を

国連は、世界全体で温室効果ガスの排出量を２０３５年までに19年比60%削減する必要があるとしている。ところが日本政府は、「２０１３年度比60%削減」（19年度比で53%削減）にとどめようとしており、国際社会から強い批判が起こっている。

日本共産党は、２０３５年度までに、①温室効果ガスを２０１３年度比で75～80%削減（19年度比71～77%削減）することを目標とし、②35年度までにエネルギー消費量を6割減らし、③35年度までに電力の再エネ比率を8割とし、30年度までに石炭火力ゼロ・原発ゼロとすることを求めてたたかう。

5、ジェンダー平等、個人の尊厳、多様性を尊重する社会に前進しよう

市民の運動が広がり、選択的夫婦別姓、同性婚（性別にとらわれない婚姻の平等）、女性差別撤廃条約の選択議定書の批准、男女賃金格差の是正、性暴力の撲滅、リプロダクティブ・ヘルス&ライツ（性と生殖に関する健康と権利）など、世論と社会に大きな変化が起きている。昨年10月、国連・女性差別撤廃委員会は、ジェンダー平等への日本政府のとりくみの遅れに厳しい勧告を行った。

自民党政治がジェンダー平等社会への重大な障害となっている。侵略戦争と植民地支配への反省を拒絶し、戦前の日本と明治憲法下の家父長制を美化する勢力、女性は安上がりな労働力、男性は長時間労働など、ジェンダー格差を温存する財界・大企業——これらに支えられた自民党政治を終わらせることが、日本社会を前にすすめる確かな道である。

子どもの権利が保障される日本にする。教育での行き過ぎた競争と管理を是正し、豊かな教育条件を整備する。

日本共産党は、さまざまな分野での運動と連帯し、ジェンダー平等、個人の尊厳、多様性を尊重する社会をつくるためにともに歩む。

「二つのゆがみ」をただす——ホンモノの改革の党としての魅力を語りぬこう

国民のどんな要求でも本気で実行しようとすれば、自民党政治の

「二つのゆがみ」にぶつかる。法人税減税とセットの消費税増税、正規雇用から非正規ワーカーへの置き換え、社会保障の連続改悪、地震・津波大国での無責任な原発推進――どの問題も「企業献金と一体の財界中心政治」のゆがみにぶつかる。歯止めない大軍拡、沖縄への無法な新基地建設のおしつけ、核兵器禁止条約に背を向ける姿勢――どの問題も「日米同盟絶対の政治」のゆがみにぶつかる。

日本共産党は、「二つのゆがみ」に正面から切り込み、国民の暮らし最優先、独立・平和の日本へと、日本の政治の大もとを変える党である。だからこそ、国民の要求に応える責任ある政策を打ち出し、どんな困難にも負けずに実現を迫ることができる。相手がどんな大企業であろうと無法なリストラや長時間労働などをただし、米軍基地の被害に対して、米軍にも日本政府にも正面から抗議し、住民の命と人権を守るためにたたかうことができる。国民の暮らしを守る責任ある財源論を示すことができる。ここに日本共産党の最大の特質がある。ホンモノの改革の党としての魅力を大いに語り広げていこう。

(4)参議院選挙をたたかう政治論戦の基本②
――党の魅力を自分の言葉で語ろう

日本共産党の魅力は、綱領と科学的社会主義、組織原則、歴史のなかにあふれている。党員一人ひとりが、自分の実感で、自分の言葉で、日本共産党を語ろう。

「人間の自由」が豊かに花開く未来社会をめざす党

この間、全党は、党大会決定にもとづいて、「共産主義と自由」を学び語り合う運動にとりくんできた。このとりくみは、社会主義・共産主義が、「人間の自由」が花開く社会であることを全面的に明らかにし、「社会主義には自由がない」というマイナスイメージを百八十度変え、社会主義・共産主義の真の輝きを豊かに語り広げる、わが党の歴史のうえでも画期的挑戦となっている。

足を踏み出したところでは、どこでも対話をつうじて、「ほんとうに人間らしい生き方とは何か」「社会にとってほんとうの豊かさとは何か」などの深い問題にまで議論がおよび、「楽しく、やりがいがある」との実感を広げている。

この挑戦はまだ始まったばかりである。このとりくみを参院選・都議選勝利、日本の社会進歩の事業の推進、世代的継承を中軸とした党づくりの前進、党の理論的・思想的成長にとっての戦略的課題と位置付けて、さらに発展させよう。全党が、『Q&A　共産主義と自由――「資本論」を導きに』を、必読文献に位置づけ、学び語り合う運動を大きく発展させよう。

党の組織と活動の魅力を攻勢的に語ろう

日本共産党が、方針を民主的に決め、決めた方針はみんなで実行する民主集中制という組織原則を堅持し、国民に対して行動の統一という責任を果たすとともに、党の組織と活動のなかで自由、対等・平等、民主主義、個性と多様性を大切にしている党だということを大いに語ろう。

日本共産党は、昨年の党大会で生きた形で示されたように、党のルールにのっとって、自由な発言を保障している党である。２カ月をかけて議案をねりあげ、一人の意見でも全体に伝えるようにと特別の冊子も発行し、自由な討論をつうじて党の意思決定を行っている党はほかにない。

日本共産党は、役割の違いはあっても、上下関係はなく、対等の関係で力をあわせ、お互いがお互いを高め合い、互いに敬意をもって活動することを基本姿勢にしている。双方向・循環型での党の運営を行うことに力をつくしている。ハラスメントを一掃し、ジェンダー平等を実現するために、党内に存在する弱点に自覚的に目を向け、つねに自己改革の努力を行っている党である。

何よりも日本共産党は、草の根で活動する支部と地方議員が先頭にたって、国民の苦難につねに寄り添い、その切実な願いを聞き、ともに打開することを党の存在意義にしている党である。

人間は進歩的組織とともにあることで、人間としての自由を獲得し自己を成長させることができる。同時に、組織を構成する一人ひとりの人間が豊かな成長をかちとることこそ、組織の発展の最大の保障となる。日本共産党に集う人々は、こうした「組織と人間の統一的発展」という立場にたって、努力している人々である。これらの党の組織と活動の魅力を、胸をはって国民に伝えていこう。

戦後80年、103年の歴史の生命力を語ろう

今年は戦後80年。日本が過去の侵略戦争と植民地支配の歴史にどうむきあうのか、国内外で問われることになる。

世界に大きく目を向けると、植民地支配と奴隷制度の責任を過去にさかのぼって明らかにし、謝罪を求める大きなうねりが起こっている。こうした道理ある方向に日本の政治がすすむことが強く求められている。

どんな迫害にも屈することなく、侵略戦争と植民地支配に命がけで反対を貫いた党の値打ちを発揮して奮闘しよう。『日本共産党の百年』、党史を語った党創立１００周年・１０１周年の記念講演を学び、このたたかいの歴史を誇りをもって語ろう。

二、総選挙総括と教訓について

(1)中間総括を中央委員会総会として確認する

総選挙の結果について、昨年11月の全国都道府県委員長会議の報告は、次の中間総括を明らかにした。

――政治論戦は、全体として的確なものだったが、その内容を多くの国民に伝えることができなかった。国民に伝える活動の総量

が足りないという根本的な問題とともに、活動の仕方――質を改革する必要がある。

――党大会決定の「三つの突破点」（①「声の宣伝」を「全有権者規模」に大きく発展させる。②訪問での対話活動を徹底的に重視する。③「ＳＮＳに強い党」になり、ボランティア、サポーターが参加する選挙にする）にもとづく選挙活動に、日常的にとりくむうえで、中央のイニシアチブに弱点があった。

――最大の要因は自力の不足にあり、この弱点から目を背けてはならない。

この中間総括は全党に積極的に受け止められている。これらの諸点を第4回中央委員会総会として確認する。

(2)三つの角度で自力の不足を直視し、打開しよう

総選挙結果は、自民党への厳しい批判の流れが起こっても、自動的にはわが党の支持に結びつかないこと、どんな激流が起ころうとも党躍進をかちとるには、強く大きな党づくりが不可欠であることを示している。

三つの角度から自力の不足を直視し、打開をはかることをよびかける。

第一に、自力の不足の深刻化が、党活動の量的レベルのみならず質的レベルにまで影響を及ぼしていることである。前回比で党員数は93・2%、日刊紙読者は88%、日曜版読者は84・9%でたたかったが、宣伝・組織活動はそれ以上に落ち込み、「選対体制がつくれない」などの事態も生まれている。

第二は、大奮闘された同志のみなさんに心から敬意を表しつつ、いま持っている自力を発揮できたかという問題も重要である。総選挙では、得票目標決定支部は7割、3中総の討議支部は6割、読了党員は2割強にとどまった。

第三に、自力の効果的な発揮ができたかという問題である。固定電話や名簿の減少、ＳＮＳの発達など人々の社会生活の変化にそくして、いかにして有権者との接点を広げ、結びつきを広げ、党の声を届けていくか。党活動のあり方の質の刷新・改革が強く求められている。

中央も、地方も、支部も、これらの角度から自力の問題を深め、現状の打開をはかることを、教訓として銘記したい。

(3)新しい発展の芽に光をあて今後に生かそう

総選挙では「三つの突破点」の実践のなかで新しい発展の芽もつくられた。

22年参院選比で得票数・得票率とも前進した長野県では、早くから訪問での「折り入って作戦」を党員拡大と一体に推進し、「折り入って」の働きかけは参院選の１２５％、14カ月連続で、全地区が入党者を迎えている。

全国各地で、後援会や民青と協力し、「賃上げ&時短推進」、「学費値上げおかしくない!?」のフライヤーを活用した対話宣伝、トーク街宣、シール対話などが創意的にとりくまれた。ＬＩＮＥを活用した対話・支持拡大が広がった。

全国で１６００人を超えるボランティアが駆け付け、その多くが20代～50代の新しい世代だった。

街頭宣伝やポスティングとともに、ショート動画の発信などSNSでも、JCPサポーターとの新しい協力関係がつくられた。新しい発展の芽に光をあて、参院選・都議選勝利にむけ、大きく発展させよう。

三、参院選・都議選勝利めざす活動と党づくりの方針

(1)どういう活動姿勢でたたかうか——「二つの一体的追求」を

参院選・都議選勝利をめざす活動と党づくりをどうやって飛躍させるか。「二つの一体的追求」を基本的な活動姿勢にすえることをよびかける。

第一は、選挙勝利の活動と党づくりの活動の一体的追求である。

選挙勝利をめざす「三つの突破点」の日常化にただちにとりくみ、それと一体に党づくりをどのようにして前進させるか。

その大きなカナメとして新たに強調したいのは、要求対話・要求アンケートにとりくみ、要求を実現し、国民との新たな結びつきを広げる活動に、思い切ってとりくむことである。従来、声が届いていた範囲での活動の繰り返しでは、国民の中に起こっている新しい変化を党の前進へと実らせることはできない。新たな生きた結びつきを広げる活動を、選挙と党づくりの一体的追求のカナメをなす活動として重視したい。

第二は、毎月の党勢拡大の前進と党の総力をあげての世代的継承の一体的追求である。

党大会で決めた2年間の目標をやりぬくには、毎月毎月、目標にふさわしい党勢拡大をはかるための独自追求をすすめることが絶対不可欠となる。同時に、世代的継承は絶対に先送りできない課題となっており、うまずたゆまず推進することが求められる。

この両者をいかにして一体的に前進させるか。

党大会後、2桁以上の青年学生・労働者・真ん中世代を党に迎え、党員現勢をほぼ維持している地区委員会から聞き取りを行ったが、世代的継承の課題をたえず党機関全体の認識にし、長を先頭に党組織あげてのとりくみにしていることが共通した教訓である。どんな状況のもとでも担当部門の体制を維持・強化することとともに、この課題を担当部門、担当者だけの活動にするのではなく、長を先頭に党組織あげてのとりくみにすることに、一体的前進の一つの大きなカギがある。

もう一つのカギは、党活動を短期の目とともに、中長期の目で発展させるという姿勢を貫くことである。世代的継承の仕事は、青年・学生分野であれ、労働者分野であれ、ただちには党勢拡大に結びつかないことも少なくない。そうした場合でも、新しい人々に働

きかけを行い、結びつきを広げ、人間的な信頼関係をつくることは、大切な一歩として評価し、育てていくという見地が必要である。

これらの諸点もヒントにして、「二つの一体的追求」を実践するための探究と開拓にみんなでとりくむことを心からよびかける。

(2)選挙勝利への活動――「三つの突破点」をさらに発展させよう

すべての支部が得票目標・支持拡大目標を決め、地域、職場の後援会、分野別後援会と力をあわせて、選挙勝利への「三つの突破点」を次のように発展させよう。

全有権者規模の宣伝――全国津々浦々に党の「声」を届けよう

全有権者規模の宣伝では、100世帯に1回など目標をもち、ハンドマイクなど宣伝機材をフル活用して党の「声」をとどけよう。「マイ宣伝カー」を増やし、“運転手一人でできる声の宣伝”を全国で展開しよう。街頭宣伝を国民との対話と結びつきを広げる機会とする「まちかどトーク」や対話型宣伝にとりくもう。

4月末までを一つの区切りとして「第1次全国遊説」を開始する。広い有権者に案内し、SNS発信と一体で成功させよう。

要求対話・要求アンケートにとりくみ、要求を実現し、新しい結びつきを広げ、担い手を増やそう

党をあげて要求対話・要求アンケートにとりくみ、要求を実現し、国民との生きた新しい結びつきを広げ、担い手を増やそう。このとりくみのなかで、支持拡大をすすめよう。

もともと国民の切実な要求にこたえ、その実現のために奮闘することは、「国民の苦難軽減」という立党の精神にたった活動である。国民の6割が「暮らしが苦しい」と訴えているもとで、とりわけ重要な活動である。地方政治では、住民アンケートはわが党ならではの活動としてとりくまれている。この活動を国政選挙で大胆に位置付け、4月末までに500万要求対話を目標に訪問・対話活動にとりくもう。「折り入って作戦」を質的に大きく発展させる活動としてとりくむことを訴える。

要求対話・要求アンケートは、「結びつきが細くなっている」「若い世代との接点がない」「電話がつながらない」という支部の一番の悩みを打開する活動となる。要求署名の活動などと一体に、すべての「赤旗」読者、後援会員、支持者を訪問するとともに、軒並みの訪問活動、職場・学園・街頭での対話活動に大胆にとりくもう。LINE交換を重視し、LINEでの結びつき・対話・支持拡大にとりくもう。

「系統的・日常的なＳＮＳ発信・拡散」と「ＬＩＮＥを活用した組織戦」の抜本的強化

多数者革命を推進するうえで「ＳＮＳに強い党」をつくりあげることは不可欠の課題であり、ＳＮＳが、フェイクを拡散し人々を分断するツールではなく、社会進歩の連帯をひろげるツールとなるように力をつくそう。

「系統的・日常的なＳＮＳ発信・拡散」と「ＬＩＮＥを活用した組織戦」の両面でＳＮＳの抜本的強化をはかろう。このとりくみと一体に、ボランティア、サポーターを広げ、協力を強めよう。

党機関、議員、候補者、候補者サポートチームを先頭に、Ｘ、ＹｏｕＴｕｂｅ、インスタグラム、ＴｉｋＴｏｋなど各ＳＮＳの特性に応じた発信力を強化する。ＪＣＰサポーター・候補者サポーターと協力し、ＳＮＳでの「国民とともにたたかう選挙戦」を開拓し、市民的発信の飛躍をめざす。

中央としてＳＮＳ戦略室を軸に活動を強め、ＳＮＳ講座を開く。都道府県、地区でもＳＮＳ講座を開催し、全党のスキルアップをはかろう。

(3) 世代的継承を中軸とする党建設をどうすすめるか

党大会いらい、党員拡大では、大会決定の目標達成にふさわしい水準――毎月2千人の入党者を迎えることをめざして奮闘を続けてきた。昨年1年間で、４４００人を超える新しい同志を迎えたことは重要であり、心からの歓迎のメッセージを送る。同時に、毎月２０００人の目標にはかなり距離があり、現勢での後退が続いている。読者拡大でも、党大会時の現勢から後退傾向となっており、前進の軌道にのせられていない。

世代的継承は、青年・学生党員ではこの1年あまり現勢をほぼ維持しているが、青年・学生、労働者、真ん中世代の党員拡大は、党大会で決めた「5カ年計画」の目標の水準には大きく届いていない。民青同盟が、3年連続で拡大目標を達成し、今年は「班が主人公」でたたかいと結んで同盟員を増やし、現勢で1万人といえる組織をつくるという次のステージにすすもうとしていることは大きな希望である。

1、要求対話・要求アンケートの推進は共通の土台

５００万要求対話・要求アンケートのとりくみは、選挙勝利のみならず、党勢拡大・世代的継承をすすめる共通の土台となる。この活動を通じて、入党や購読の働きかけの視野を思い切って広げるとともに、若い世代、労働者、真ん中世代にも、要求対話を入り口に働きかけに踏み出そう。

2、「集い」を無数に開き、党員拡大の波を起こそう

この間、新しい党員を迎えた支部では、支部のミニ「集い」を気

軽に開くとともに、都道府県・地区で行う「集い」や分野別後援会の「集い」を契機に、結びつきを広げ、働きかけている。党機関、地方議員と支部が協力して「集い」を無数に開き、党員拡大の波を起こそう。支部も党機関も世代的継承の視点をこの活動でこそ貫こう。

「集い」は、党員拡大とともに、党を深く知り、選挙の担い手を増やすとりくみでもある。〝党員が増える〟〝党への理解が広がる〟〝選挙の担い手が増える〟〝世代的継承の展望がひらける〟という「一石四鳥」の「集い」を気軽に、繰り返し開いて、党づくりと選挙課題を一体にすすめよう。

3、「しんぶん赤旗」を守りぬき発展させる 100万読者回復、10億円募金を訴える

タブーなく真実を報道する「しんぶん赤旗」の役割はいよいよ大きくなっている。「自公過半数割れ」に追い込んだ「赤旗」へかつてない注目が高まり、総選挙後2900人を超える申し込みが中央に寄せられ、その8割が10代から50代である。

しかし読者数の後退傾向によって「しんぶん赤旗」発行の危機が切迫した事態に直面している。危機打開のため、大会で決めた目標――100万人の読者回復への協力と、『赤旗』危機打開10億円の特別支援募金」を訴える。

「500万要求対話」、訪問・対話と結んで、見本紙を活用した読者拡大の独自追求を行い、新しい読者を増やそう。広く「特別支援募金」への協力を訴えよう。機関紙中心の党活動を発展させよう。「しんぶん赤旗」の発行を守りぬこう。

4、青年・学生党員の拡大と高校生分野の活動の新しい開拓

要求実現のたたかいや知的関心にこたえる活動と結んで、青年・学生のなかでの党づくりをすすめよう。学費値上げ反対、民青の食料支援、「大軍拡反対ネットワーク運動」への協力、「共産主義と自由」を学び語り合う集い・講演会、学園での読書会や社研づくりを探求しよう。

民青の継続的・持続的発展のためにも、青年・学生党員の拡大が急務となっている。同盟員への学習の援助を土台に、党として結びつきと信頼をつちかい青年を党に迎えよう。

18歳選挙権の実施で高校生の政治活動の新しい条件が生まれるとともに、高校生が自ら党事務所を訪れるなど大きな変化が起こっている。党として、高校生の関心にそくして綱領と科学的社会主義の魅力を伝える活動や対話・アンケートに踏み出すとともに、平和や校則、ジェンダー平等などの高校生がとりくむ運動を激励しよう。

5、労働者のなかでの党づくり――職場支部、地域支部、グループの力を総結集して

党機関、運動団体グループ、職場支部、地域支部、議員の力を結集して「集い」を開催し、全党あげて労働者への働きかけをすすめよう。

愛知では、「教職員のつどい」を開催して100人の現役教職員が参加し、結びつきを広げ、入党

につながっている。グループと協力して労働者の各分野で、「つどい」を開き、系統的に党に迎え入れる活動を抜本的に強化しよう。

労働組合運動の前進をはかりつつ、労働者を党に迎えていくことを重視する。ある県では、自治体の会計年度任用職員の要求を重視し、組合員を1年間で飛躍的に増やしつつ、組合で活動する労働者に入党を働きかけ、大会後、新しい職場支部を結成している。国民運動に参加するさいの「四つの原則」に立ち、労働運動の前進に協力しながら、労働者のなかでの党づくりにとりくもう。

地域支部に所属する若い労働者党員は、「自分の職場に党をつくりたい」との要求も持っている。労働学校をともに受講するなど労働者としての成長を援助し、職場に党をつくる活動を励まそう。

6、量とともに質を――世界観的確信をつちかう学習の強化、「党生活確立の3原則」

「日本共産党はなぜ１０２年間続いたか」――志位議長は新春インタビューで〝人類は資本主義という矛盾と苦しみに満ちた体制を乗り越え、社会主義・共産主義へとすすむ力を持っている〟〝資本主義の矛盾があるかぎりわれわれの事業は不滅だ〟という世界観的確信を持つことの重要性を語った。どんな情勢の曲折や困難があっても揺るがない世界観的確信をつちかおう。支部会議の半分を学習にあてるなど、学習活動を抜本的に強めよう。党大会決定の全党員読了に力をつくし、この決定をあらゆる党活動の「道しるべ」として生かそう。

新入党員教育の新しい実施要項を活用し、入党した同志への１００％実施に力をつくそう。週1回の支部会議の開催をはじめ、「党生活確立の３原則」の努力を励ましあってすすめよう。

とりわけ、青年・学生、労働者、真ん中世代の党員の成長と活動を保障する努力を支部と党機関が協力してつよめよう。

(4)地方議員を後退から前進に転じ、上げ潮のうねりのなかで都議選・参院選へ

党大会後、地方議会での議席数は、前回比で34議席減となっている。地方議員は、住民の利益にこたえて地方政治を動かす住民の命綱であるとともに、わが党の自力の中核でもある。中間地方選挙で必ず前進に転じよう。参院選をたたかう7月までに、二つの政令市、六つの県都を含め88市・１０６町村で選挙が行われる。現有議席の絶対確保、議席増、得票増の実現へ力をつくそう。

党機関が責任をもって地方議員の党生活の確立、学習と成長の援助を行うとともに、党機関、地方議員、支部が一体となって要求運動を発展させよう。

(5)全支部・全党員がたちあがることこそ最大の保障

選挙勝利と党づくりを一体的に前進させる、最大の保障となるのは、全支部・全党員がたちあがる運動にすることにある。

2中総の「手紙」に対して、全国の約5割の支部から「返事」が寄せられた。困難ななかでも党づくりに真剣にむきあい、一歩を踏み出す姿とともに、悩みや危機的な状況が率直につづられている。「返事」につづられた支部の目標や計画を実践するための親身な援助に力をつくそう。「返事」を足がかりに、機関が支部に入ってともに困難を打開しよう。「返事」を出せていない5割の支部こそ、党機関からの援助を切実に求めている。中央も地方機関とともに支部の困難打開に力をつくす。支部からの「返事」に学んで、支部活動の前進の手がかりをつかめるオンライン交流会を適時開催する。

支部の「返事」を生かして全党運動をつくるには、地区役員の役割が大事になる。昨年9月に行った全国地区役員講座は、地区役員の役割、全国の活動から生きた教訓を学べると歓迎されている。すべての機関役員が講座を学び、「双方向・循環型で支部を援助する党機関になろう」「政治的・思想的に強い党機関になろう」「若い世代、女性役員が生き生き活動し成長する党機関になろう」の三つのスローガンで機関活動の改善・強化をはかり、全支部・全党員運動をつくりだそう。

四、「500万要求対話・党勢拡大・世代的継承の大運動」（4月末まで）をよびかける

早い段階から選挙勝利の流れをつくり、党勢拡大の前進のうねりをつくるために、4月末を期日に、「500万要求対話・党勢拡大・世代的継承の大運動」をよびかける。

○500万要求対話をやりぬく。すべての「赤旗」読者、後援会員、支持者を訪問するとともに、軒並みの訪問活動、職場・学園・街頭での対話活動にとりくむ。これと結んで支持拡大の推進をはかる。

○党員拡大、読者拡大で一刻も早く前進に転じ、2年間の目標達成、前回参院選時回復・突破に見合う前進をつくりだす。

○青年・学生、労働者、真ん中世代を対象に、要求対話・アンケートと「集い」にとりくみ、党に迎える働きかけにチャレンジして2年間目標達成への突破口を開く。

「新しい政治プロセス」を前進させるわが党の政治的躍進と強大な党づくりの成功は、日本の情勢がわが党に要請している一大任務である。

全党のありとあらゆる力を総結集し、この「大運動」を成功させよう。

（「しんぶん赤旗」2025年1月12日付）

日本共産党の志位和夫議長が第4回中央委員会総会の初日（2025年1月10日）に行った中間発言は次の通りです。

第4回中央委員会総会
志位議長の中間発言

切実な要求実現と一体に、「ホンモノの改革の党」の魅力がきわだつたたかいを

たいへんに積極的な討論が続いていると思います。

決議案とその内容の基本点は、田村委員長の提案報告でのべた通りです。国際問題と理論問題は、新春インタビューでまとまってお話しする機会がありましたので、ぜひお読みいただけたらと思います。

私は、この決議案の内容をつかむうえでのいくつかの核心的な問題について発言します。3点にしぼって話したいと思います。

「新しい政治プロセス」を前に――二つの基本姿勢を堅持して

第一は、参議院選挙をたたかう政治論戦の基本にかかわる問題です。

決議案では日本の政治の現状について、「大きな激動が予想される流動的局面に入った」と規定しています。そういった激動的・流動的情勢のもとで、どうやって参議院選挙の勝機をつかむか。

決議案は、「日本共産党は『新しい政治プロセス』を前にすすめるためにどうたたかうか」という問いをたてて、二つの点を強調しています。

第一は、国民の切実な要求の実現のために、あらゆる可能性を追求することです。

第二は、財界・大企業中心、日米軍事同盟絶対という自民党政治の「二つのゆがみ」に正面から切り込み、自民党政治を終わらせる

たたかいの先頭にたって奮闘することです。

この二つの点を、いまの情勢に対するわが党の基本姿勢として、決議案の冒頭に明記しています。この基本姿勢を堅持して奮闘することがどうして重要か。

この基本姿勢で奮闘してこそ、自民党を追い詰め、自民党政治を終わらせることができる

まず強調したいのは、この基本姿勢で奮闘してこそ、自民党を追い詰め、自民党政治を終わらせることができる、ということです。

いま自民党は、かつてない危機的状況に追い込まれながら、この「二つのゆがみ」には指一本触れずに、暴走を加速しています。ごく部分的な「譲歩」――自民党にとっては痛くもかゆくもない「譲歩」をテコにして、一部の野党を抱き込んで危機の打開をはかる、これが自民党の戦略です。そして多くのメディアは、ごく部分的な「譲歩」の問題だけに焦点をあて、あたかも日本の政治の焦点がそこにあるかのようなキャンペーンをはっています。これは「二つのゆがみ」を続けてよいのかどうかという、日本の政治の真の焦点を覆い隠すものとなっています。

そういうもとで、私たちがどうたたかうか。決議案がのべている基本姿勢が重要になってきます。

国民の切実な要求の実現のために、あらゆる可能性を追求して政治を一歩でも二歩でも前に動かすためにがんばりぬく、という奮闘がたいへんに重要です。同時に、それだけでは自民党を追い詰めることはできません。自民党政治の「二つのゆがみ」に正面から切り込み、根本から変えるたたかいをすすめる、これを一体にすすめてこそ、自民党を追い詰め、自民党政治を終わらせることができます。

この基本姿勢で奮闘してこそ、野党の中での日本共産党の値打ちを際立たせることができる

さらに強調したいのは、この基本姿勢で奮闘してこそ、野党の中での日本共産党の値打ちを際立たせることができるということです。今後の政治プロセスで、野党は二つの流れに分かれていくことになるでしょう。

すなわち、あれこれの部分的改良と引き換えに、自民党政治の延命に手を貸し、「二つのゆがみ」を温存するという立場にたつ流れと、国民の切実な要求実現のために奮闘するとともに、「二つのゆがみ」を大もとから正すという立場にたつ流れに分かれていくことになるでしょう。

昨年の臨時国会での補正予算をめぐる動きは、総選挙後の政治プロセスで、そうした分岐の最初のあらわれとなりました。大軍拡と大企業への大盤振る舞いという二つの大問題を持った補正予算案に対して、国民民主党は「103万円の壁」、維新の会は「教育費無償化の協議体」、それ自体は悪いことではありませんが、「二つのゆがみ」には触れない部分的改良と引き換えに、補正予算案に賛成し、自民党の延命に手を貸しました。日本共産党は、それにきっぱりと反対を貫き、この二つの大問題に切り込む論戦を行いました。今年の政治プロセスのなかで、こうした分岐は一層鮮明になっていくでしょう。

自民党政治の「二つのゆがみ」を告発し、これを正せばどういう展望が開かれるかを語ろう

そういうもとで、決議案がのべている基本姿勢が重要になってき

ます。決議案で示している政策的訴えの五つの柱——政治とカネ、暮らし、平和、環境、ジェンダーでの政策的訴えと一体に、財界・大企業中心、日米軍事同盟絶対という自民党政治の「二つのゆがみ」を告発し、このゆがみを正せばどんな展望が開けてくるかを、太く、新鮮に、分かりやすく訴えぬく。これがわが党の値打ちを光らせていくうえで絶対不可欠になります。

繰り返しになりますが、国民の切実な要求実現のための努力は、たいへんに大事です。ここで他党に負けない、わが党ならではのとりくみが大切です。同時に、この土俵での競い合いだけになったら、党の値打ちを光らせることはできません。わが党でなければ訴えられない「二つのゆがみ」を大もとから正すという立場、「ホンモノの改革の党」としての魅力が伝わってこそ、はじめて多くの国民の気持ちをつかむことができ、勝機をつかむことができます。

討論のなかで、「今年は、自民党政治の『二つのゆがみ』をめぐって各党がふるいにかけられるプロセスがすすむだろう」という発言がありました。まさにその通りです。「各党がふるいにかけられるプロセス」がすすむことになる。

そのときに、私たちが、決議案でのべているこの二つの基本姿勢に立った奮闘をやりぬいてこそ、日本共産党は勝利に向けて浮上できる。「ホンモノの改革の党」としての値打ちが際立ったたかいをやりぬいて、その魅力を国民に広く伝えながら、勝機をつかんでいこうではないか。これが決議案の提起であります。

経済論戦——責任ある財源論をもつ党でこそ、困っている人の暮らしを守れる

第二は、政治論戦の中でも大きな焦点の一つになる経済論戦の問題です。

決議案では、「暮らしの困難を打開し、安心とゆとりを」と打ち出しています。国民の多くが生活苦にあえぐ中で、経済論戦でどうやって党の値打ちを光らせていくかということは、選挙戦の勝敗に直結する大事な問題となってきます。

五つの分野での党の政策的提起——先駆的で豊かな内容を自信をもって訴えよう

決議案は、働き方、税制、社会保障、教育費、農業、5分野にわたって、どれも党ならではの先駆的な政策的提起を行っています。

たとえば働き方の問題をとっても、政治の責任で賃上げを進める具体的提案を行っている党は日本共産党しかありません。労働時間短縮は、昨年末、「朝日」が「脱・長時間労働」の特集記事を掲載するなど、社会的関心が集まっている問題ですが、ここに先駆的に切り込んでいる党も日本共産党しかありません。この五つの分野での党の政策的提起での内容の全体が、どれも先駆的で豊かなものであり、自信をもって訴えていこうということをまず強調したいと思います。

無責任な放漫財政の道を走る自公政権——国民生活の破壊と戦争への道

そのうえで、ここで訴えたいのは、決議案が、「責任ある財源論をもつ党でこそ、困っている人の暮らしを守れる」ということを、暮らしの項の最後で訴えていることの重要性です。これがとても大事になってきます。

端的に言いますと、いま自公政権は、大軍拡と大企業への大盤振る舞いを、まともな財源を示すことなく突き進む、本当に無責任な放漫財政の道を走っています。

たとえば軍事費を5年間で43兆円増やすという。しかし財源をまともに示してはいません。結局は、庶民増税と社会保障切り捨て、暮らし予算の削減になるわけですが、そのことを具体的には言いません。隠ぺいしています。まともな財源を示すことなく、空前の大軍拡の道を走っている。さらにアメリカに言われるまま、GDP（国内総生産）比2％にとどまらず、もっと増やしていこうという動きになっています。これは無責任な放漫財政の極みと言わなければなりません。

軍事費でそういう放漫財政をやるから、他のあらゆる分野でも、たがが外れてしまっている。たとえば半導体の大企業に対して、何兆という単位の補助金を出すというでたらめをやっています。これまでにもなかった異常な税金のバラマキであります。

よく自公政権は「緊縮財政」だという議論がありますが、これは正しくありません。たしかに国民に対しては冷酷無情な「緊縮財政」をやっています。しかし大軍拡と大企業に対しては無軌道な放漫財政をやっている。これがいまの自公政権の姿であり、この道が国民生活の破壊と戦争への道だということは、決議案が示しているとおりです。

そしてこういう状況のもとで、一部の野党もあれこれの政策を財源の裏付けなしに主張している。これは無責任な放漫財政という点では、自公政権と軌を一にした姿勢だといわなければなりません。

暮らしのための積極財政の提案を、責任ある財源論とセットでかかげる唯一の政党

そういうもとで日本共産党はどうするか。決議案にあるように、日本共産党は暮らしのための積極財政の提案を、責任ある財源論とセットでかかげる唯一の政党になっています。この値打ちを深く確信をもって訴えていくことが大事です。

わが党は、消費税減税など恒久施策については税財政の改革——大企業と富裕層への応分の負担、大軍拡の中止などによる恒久財源でまかないます。23兆円の規模となります。時限的施策については、大企業の内部留保課税や国債でまかないます。18兆円規模になります。合計で40兆円を超える大規模で積極的な提案となっています。同時に、ぎりぎり精査をして、合理的で責任ある財源論を仕上げています。わが党が、暮らしのための積極財政の提案を財源論とセットでかかげることができるのは、自民党政治の「二つのゆがみ」を正す立場にたっている党だからにほかなりません。

先日、自民党の森山幹事長が「政策は財源論とセットで語るべきだ」と言いました。しかし一番それをやっていないのが自民党だと、まず言わなければなりません。同時に、一部の野党もあれこれの政策を財源の裏付けなしに主張している。財源の裏付けがないという点では、自民党とどっちも

C521104 27622C
日販 3 コ 122-01-3
D91—50
客注
187280
アメリカ
ABC
2C06
コ 16
客注
政 治
客注専用短冊
冊数 1冊
定
文献パンフ
第4回中央委員会総会決
日本共産党第29回大会
ISBN978-4-530-01735-6 C0000 ¥245E
1872803000162
日本共産党中央委員会
日本共産党
B073011451 3B
9784530017356
本体 245円
受注No.114513
受注日25年07月30日
2001134
*

どっちであります。

そういうなかで徹底的に国民の立場にたって政策は財源論とセットの立場を堂々と貫いているのが日本共産党です。ここを胸を張って押し出す必要があります。私たちの経済政策の一つ一つの内容の魅力とともに、すべての政策が財源の裏付けをもっている。このことをセットで語りぬこうではありませんか。

暮らしの困難に心を寄せ、勇気をもって真実を訴えよう

いま国民の暮らしの困難は非常に深刻です。多くの人々がわらにもすがる思いだと思います。そこに耳あたりの良い政策をあおる勢力がいる。そうしますと、ついついそういうわらにすがってしまう。しかしそのわらには財源の裏付けなしという毒があります。この毒つきのわらをつかめばズブズブと沈んでしまうことになります。結局は、暮らしが壊され、平和が破壊されることになります。決議案に書いてある通りです。

そうした状況のもとで、私たちは、理性的に、丁寧に、そして確信をもって、真実を語る必要があります。経済政策の一つ一つの魅力を語るとともに、責任ある財源論とセットという点を語る。この立場を欠いて財源論で無責任な立場をとるならば、わが党の経済政策の全体が信頼を失うことになるでしょう。国民の暮らしの苦難に心を寄せ、わらにもすがる思いに心を寄せるとともに、暮らしの困難を本当に打開しようと思ったら、この理性的な立場を揺るがずに貫くことが大事なんだと語る。勇気をもって真実を語ってこそ、私たちは勝機をつかむことができるといいたいと思います。

そうすれば、暮らしの困難を打開しようと真剣に考えている人たちは、必ず日本共産党の主張を理解してくれると思います。さらにわらにもすがる思いの人にも、本当に困っている人を助ける道はこの道なんだということを、届く言葉を磨きながら、確信をもってわれわれが訴えていけば必ず訴えが届くと思います。この立場を貫くことが勝利への道だということを訴えるものであります。

党活動の基本的構え――「二つの一体的追求」をどうやって成功させるか

第三は、党活動の基本的構えの問題についてです。

決議案は、「選挙勝利をめざす活動と党づくりをどうやって飛躍させるか」と問いかけ、「二つの一体的追求」を提起しています。すなわち、一つは、「選挙勝利の活動と党づくりの活動の一体的追求」、いま一つは、「毎月の党勢拡大の前進と党の総力をあげての世代的継承の一体的追求」であります。

全党の議論と実践で探究・開拓していくようにしたい

これは本当に、「言うは易く行うは難しい」という問題です。

私たちは、決議案をつくる際に、どうやればできるか、いろいろな角度から検討を行いました。この「二つの一体的追求」をやらなければならない、その必要性についてはだれしも異論がないことだと思います。しかし、どうやったらやれるか。ここで悩んでいるみなさんが多いと思います。私たちもそうであります。

この点をいろいろな角度から検討し、決議案では、あれもこれも全部書くということをしないで、いくつか大事なヒントになる問題を提示して、みなさんの議論にゆだねて、知恵を集めて決議案を仕上げ、全党の議論と実践で探究・開拓していくようにしたい。そういう思いで決議案を仕上げ、今この総会の討論にゆだねているわけです。

「大きなカナメ」――「要求対話・要求アンケートで新しい結びつきを広げる」

まず、選挙活動と党づくりの一体的追求という提起ですが、これは総選挙に向けてはこれが十分にできなかった、という反省に立ってのものです。中央のイニシアチブとして、選挙活動の日常化に弱点がありました。党づくりのほうは本当に真剣に、みんなでとりくんだわけですが、それと一体に選挙活動の日常化をやるという点での、イニシアチブが不足していた、というのが中央としての反省でした。この反省の上に立って、決議案は、選挙の日常化と、党づくりの一体的追求を今度こそやりぬくという大きな命題を立てました。

それではどうやってこの一体的追求を成功させるか。いろいろな大事な点があると思いますが、最大のカナメは、――決議案では「大きなカナメ」という言い方をしておりますが――、それは「要求対話・要求アンケートにとりくみ、要求を実現し、国民との新たな結びつきを広げる」、ここに思い切ってとりくんでみよう、これを「大きなカナメ」として、一体的追求をすすめよう、ということを今度の決議案では提起をいたしました。

「要求対話・要求アンケート」を何のためにやるのか。まず国民の要求を聞く、そして要求を一緒になって実現する、新しい結びつきを広げる。これがこの活動にとりくむ目的の基本になります。

決議案にもありますように、従来、私たちの声が届いていた範囲の活動の繰り返しでは、国民の中に起こっている新しい変化を党の前進に実らせることはできません。討論でも出されましたが、総選挙のたたかいを振り返りますと、広大な無党派の人々、若い世代の中に、私たちの声が届いていない、声が届いていないから日本共産党ははなから選択肢に入らない、こういう状況がかなり共通してありました。そういう人々には、これまでの活動方法の繰り返しでは、私たちの声が届かない。それにくわえて、名簿が少ない、細っていく、電話がかからない、などの問題があります。これまでと同じやり方で、同じ人々を対象に、ぐるぐる回っているのでは、新しい層に声が届かない、これは多くのみなさんの共通の大きな悩みになっていると思います。

それでは、新しい層への結びつきをどうやって広げていくか。ここで「要求対話・要求アンケートで新しい結びつきを広げる」という新しい活動方法に挑戦し、これを選挙活動と党づくりを一体的にすすめる「大きなカナメ」の活動として位置づけようじゃないかということを決議案では打ち出しました。討論では、この方針について、選挙勝利、党づくりを前進させる戦略的大方針と受け止めたと、歓迎する声が先ほど出されました。その通りであります。あれこれの手の問題ではなく、まさに戦略的大方針としてこれを打ち出しました。この方針でこそ若い人にも声が届く、世代的継承の展望が開かれるという受け止めも議論の中で出されました。これもその通りだと思います。

全国の経験を踏まえ、ベルギー労働党の活動に学んで

この方針は、私たちが、頭の中で考えたものではありません。地方選挙の場合、多くの地域では、要求アンケートにとりくみ、それを力にしています。討論でも、街頭での「なんでも相談会」や、アンケート活動にとりくみ、結びつきを広げて、党勢拡大につなげている経験が語られました。すでに全国でさまざまな形で、要求の対話、要求アンケートにとりくみ、前進をつくりだしている経験がたくさんあるのではないでしょうか。どうかこの総会では、それを出しあって、光をあてていきたいと思います。

もう一つ、私たちがこの提起を行う上で参考にしたのは、ベルギー労働党であります。私は、昨年の9月にベルギーを訪問した際に、ベルギー労働党のメルテンス書記長と会談して、この党がＳＮＳで優れた活動をやっていることに非常に感銘を受けましたが、もう一つ、この党が国民の声をよく聞き、暮らしの苦難に寄りそって活動する党だということにも強い感銘を受けました。選挙の前に要求アンケートに大規模にとりくんで、その結果を政策や活動に反映させているのです。

こうした交流をふまえて、先日、田中悠副委員長を中心とするＳＮＳ戦略室とベルギー労働党の担当部門との間で、オンライン会談を行い、かなり詳しく経験を聞きました。先方からこういうことが言われました。

「私たちは、聞くことから出発します。毎回の選挙では、選挙前に大規模なアンケート調査を実施します。Ｗｅｂサイトやオンライン調査、紙を使った調査で、具体的な問題について20～30の質問をします。ここから出発をして、戦略を組み立てて、結びつきを広げています」

こういう話でした。いま、ベルギー労働党は躍進の中にあって、私たちが訪問した後の地方選挙でも躍進が続くといううれしいニュースが入ってきましたが、この躍進はＳＮＳの力だけではないのです。いま紹介したような結びつきを広げる地道な活動をやる中で、それと一体にＳＮＳを強化している。そういうことも参考にして、この方針を打ち出したことも報告しておきたいと思います。この戦略的大方針を全党がつかんで、選挙勝利、強く大きな党づくりを必ず成功させようではありませんか。

この戦略的大方針は、決議案の方針の全体に貫かれている

決議案との関係で、ここでつかんでいただきたいのは、「要求対話・要求アンケートで、新しい結びつきを広げる」という戦略的大方針は、この決議案の方針の全体に貫かれているということです。

まず、「選挙勝利への活動――『三つの突破点』をさらに発展させよう」の活動方針の二つ目に、この大方針がズバリ位置づけられています。「折り入って作戦」を質的に大きく発展させるものとして提起をされています。

さらに、「世代的継承を中軸と

する党建設」の活動方針のなかでは、第1項目が、「要求対話・要求アンケートの推進は共通の土台」になっています。このとりくみは党づくりでも、これまで声が届かなかった若い世代、労働者との結びつきを広げ、党に迎え入れていく大きな力になるし、力にしていかなければなりません。

選挙でも党づくりでも、全体を推進する「カナメ」となる共通の戦略的大方針として、この方針を提起しています。決議案がそういう構造になっているということを、つかんでいただければと思います。

たとえて言いますと、国際人権規約では、社会権規約（A規約）、自由権規約（B規約）、二つの規約があるんですが、社会権規約と自由権規約には共通第1条というのがあります。「人民の自決権」が共通第1条に据えられていて、全体が展開されている。もちろんそれとは次元が違う話ですが、人民・国民が主人公という点では似たところもあります。そうしたことも思い浮かべながら、「要求対話・要求アンケートで新しい結びつきを広げる」ことを共通の大方針――戦略的大方針として選挙でも党づくりでも推進力に位置づけるという構成となるよう決議案を仕上げました。

党勢拡大――毎月の前進のための独自追求をはかることは絶対に不可欠

もう一つの一体的追求は、党勢拡大の問題です。毎月の党勢拡大の前進と党の総力をあげての世代的継承の一体的追求です。

ここでまず大事なことは、決議案が、毎月毎月の前進のために独自追求をはかることが絶対に不可欠だと強調していることです。「要求対話・要求アンケートで新しい結びつきを広げる」という戦略的大方針は、党勢拡大でも新しい大きな前進の条件をつくることになります。しかし、それだけで自動的にこの課題がすすむことはありません。独自追求が絶対に必要になります。これを欠いたら、あっという間に党は大きく後退してしまいます。この点での全党のみなさんのがんばりに心から敬意を払い、激励し、発展させる必要があるということをまず強調したいと思います。

世代的継承との一体的追求――「二つのカギ」をしっかり握ってとりくもう

同時に、世代的継承の問題は、党の現在と未来にとって文字通り死活的に重大な課題となっています。世代的継承のとりくみは、本当に緒についたところで、このままでは党の未来は開けないという状況の中で、どうやってこれを毎月毎月の拡大と一体的にすすめるか。ここでの一体的追求については、「二つのカギ」という提起をしています。

一つ目の「カギ」は、世代的継承について、担当者や担当部門をきちんとおいて、いついかなる時にも維持・強化していくことが大事ですけれども、何より大事なことは、担当者や担当部門まかせにするのではなくて、党機関や党組織の長が先頭にたって、党をあげてのとりくみにしていくことにある。ここで成否が決まるということです。現にそういうことをやっている党組織では、世代的継承も、党勢全体の拡大も、両方がすすんでいるということを、私たちはすぐれた経験から学んだということを、決議案ではのべています。

もう一つの「カギ」は、短期の目と中長期の目、両方の目で、党の活動にとりくんでいくということです。短期の目、これはもちろん大事です。毎月毎月どうやって前進をはかるか、短期の目で執念をもってがんばることなしに前進は絶対にかちとれません。同時に、中長期の目を大事にする。世代的継承のとりくみは、すぐには党勢拡大に実らないことも多い。しかし、とりくみを通じて人間的信頼関係ができた、結びつきができた、これは一つひとつが大きな財産になります。その一つひとつを評価して、中長期の目で実らせていく。短期の目と中長期の目、両方の目で党の活動にとりくむことを提起しています。

こうして決議案は、「二つの一体的追求」について、「要求対話・要求アンケートで新しい結びつきを広げる」という「大きなカナメ」、いまのべた「二つのカギ」をにぎって、これを推進しようと提起しています。

「最大の保障」となるのは、全支部・全党員がたちあがる運動にすることにある

そのうえで最後になりますが、ここが一番大事なところでありますが、決議案は、第3章の結びの部分で、選挙勝利と党づくりを一体的に前進させる「最大の保障」となるのは、全支部・全党員がたちあがる運動にすることにあると訴えています。これが決議案全体をやりぬく「最大の保障」なのです。それ以外に道はありません。他に楽な道があるわけではありません。やっぱりこれが「最大の保障」だということをとらえ、腹をくくって、全支部・全党員がたちあがる運動にいかにしていくか。ここにみんなで知恵と力をそそいでとりくみたいと思います。

そのために決議案でのべているように、「手紙」と「返事」の活動をここでもう1回位置づけて、推進の力にしていくこと、全国地区役員講座に学んで、地区機関の活動を改善・刷新していくことが大事になってきます。

こうした決議案の方針の組み立てをつかんでいただき、討論で深め、具体化・実践に生かしていただきたいと思います。「二つの一体的追求」、それを進めるうえでの「大きなカナメ」、「二つのカギ」、そして、「最大の保障」は全支部・全党員の決起――「カナメ」と「カギ」と「最大の保障」という言葉を使っていますが、決議案が提起している方針の立体的な関係、立体的な構造をよくつかんでいただいて、ぜひ討論で深めていただき、具体化・実践にとりくんでいきたいと思います。

みんなの知恵を集めて、この決議案をより良いものとし、選挙勝利と党づくりを何としてもやりぬこうではありませんか。そのことを訴えて発言といたします。

（「しんぶん赤旗」２０２５年1月13日付）

日本共産党の第4回中央委員会総会の2日目（2025年1月11日）に田村智子委員長が行った結語は次の通りです。

第4回中央委員会総会
田村委員長の結語

総会の全体の特徴について

この総会では71人が発言を行いました。そして志位和夫議長が中間発言を行いました。討論をつうじて、政治論でも、党活動の方針でも、コンパクトに論点をまとめた決議案の提起が、全国の悩みに応え、党の新しい発展の道を照らしだすものとして、強く歓迎されました。決議案にかみ合った討論が続き、内容が豊かに深められました。総会は大きな成功を収めたと確信するものです。

全国から1万4203人の方が報告を視聴されました。感想文は610人から届いています。「総選挙後のモヤモヤが一気に吹き飛ぶような、論理的で攻勢的な中身」、あるいは「支部で同時視聴した同志からLINEが届いた。『よし、やるぞ!』と…それを見てますます元気になった」など、明るく元気な感想がたくさん寄せられています。

政治論が活発に議論され深められた

政治論が活発に議論されて深められたことが、討論の重要な特徴でした。

参議院選挙の政治的訴えについて積極的な議論が行われました。どこを握れば勝機がつかめるかが、討論でも浮きぼりになりました。

一つは、要求にこたえる五つの政策的訴え――政治とカネ、暮らし、平和、環境、ジェンダーの柱と一体に、財界・大企業中心、日米軍事同盟絶対という「二つのゆがみ」を正す「ホンモノの改革の党」、これを語りぬくことです。

二つ目に、経済論戦で、五つの

分野での政策的提起を豊かに語るとともに、「暮らしのための積極財政の提案を責任ある財源論とセットで掲げる唯一の党」であることを、確信をもって広げぬくことです。

そして三つ目に、「人間の自由」が豊かに花開く未来社会をめざす党、「共産主義と自由」、党の組織と活動の魅力、戦後80年、１０３年の歴史の生命力など、党のもつ魅力を自分の言葉で、受け身でなく、攻勢的に広げぬくことです。「受け身でなく、攻勢的に」、ここが大切です。

この三つの内容はどれも日本共産党でなければ語れない党ならではの魅力です。それを握って奮闘しぬくことは、自民党を追い詰め、自民党政治を終わらせる道をひらくことになります。同時に、そうしてこそ、野党の中での日本共産党の値打ちも光らせることができます。

高知の春名県委員長からは、４中総決議案について、「全体が総選挙の真剣な総括のうえに立ち、提起されたものだということが理解できた」と発言がありました。

決議案の政治論の全体を、志位議長の中間発言とともにつかむことで、その中に総選挙の教訓を踏まえた発展的提起が盛り込まれていることを深くとらえて、全党の認識にする。ここが重要だと思います。

志位議長の中間発言では、「暮らしの困難に心を寄せ、勇気をもって真実を訴えよう」と強調されました。党の政策と立場を伝えきるならば、日本の現状を憂え、打開を求める国民は必ず理解してくれる。そのことに確信を持ち、決議案の内容を、さらにわかりやすい言葉を磨いて、広く国民に伝えきろうではありませんか。

ここで強調したいのは、参議院選挙の半年前の時点で、これだけのまとまった政治論戦の基調を明らかにしたことは、これまでにないことだということです。この内容を全党がつかんで、半年間、国民の中にそれを伝えきれば、必ず党を浮上させ、勝機をつかむことができる。みんなの力で躍進を必ず勝ち取ろう。このことを心から呼びかけるものです。

国際的視野と世界観的確信をもって

参議院選挙を、広い視野、深い理論的確信をもってたたかううえでも、世界をどうとらえ、どう働きかけるかという国際的視野、綱領と科学的社会主義にたいする世界観的確信が重要になります。

討論では、志位議長の新春インタビューについて深める発言が出されました。「東アジア平和提言」がアジアでも欧州でも通用する普遍的意義をもっていること、核兵器禁止条約の成立と発展に被爆者とともに日本共産党が果たした貢献、ガザへのジェノサイド・ストップなどでの国際的響きあいと連帯が語られました。トランプ氏が次期米大統領になり、日本への負担増の要求が軍事でも経済でも一段とエスカレートすることが予想されるもとで、「日米同盟絶対」でいいのかが厳しく問われるとの指摘もなされました。

新春インタビューでは、今の世界を大局的にどうつかむかを、綱領の世界論の立場で明らかにし、この世界に党がどう働きかけているかを野党外交の生きた経験を踏まえて語るとともに、綱領と大会決定にもとづいて党が今とりくんでいる理論問題についての最新の到達点が語られています。決定に準ずる文書として位置づけ、活用してほしいと思います。

「二つの一体的追求」が討論で豊かに深められた

選挙勝利と党づくりをどうすすめるか。ここで決議案は「二つの一体的追求」を提起しましたが、これも討論で豊かに深められました。

討論でも全国からの感想でも大歓迎されたのが、「要求対話・要求アンケートで新しい結びつきを広げる活動」を戦略的大方針に据えるという提起でした。本当に心強いことです。

討論ではこうしたとりくみが、誰にでもとりくめる活動として、すでにさまざまな形で行われており、力を発揮していることが紹介されました。地方政治では、住民アンケートが各地でとりくまれています。街頭で月1回の「なんでも相談会」を行い、そのつながりで党勢拡大の努力をしている経験も語られました。ぜひ、決議の討議、具体化・実践の際には、すでに始まっているこうした発展の芽に光をあてて、今度は全党でこういう活動にとりくもうという意思統一を行ってほしいと思います。

討論では、要求対話を行うことは、それ自体が国民に対して、「国民の声に耳を傾け、国民の声で政治を動かす党」というメッセージを発信することになると語られました。その通りです。この運動は、「国民の声をよく聞き、生かす党」という日本共産党の魅力を伝える運動にもなります。だからこそ、この運動を〝国民によく見える形〟でとりくむことが大切です。ポスターを掲げてやっているという発言もありました。ぜひ明るく元気に党の姿が伝わるとりくみを始めようではありませんか。

討論で、「要求対話・要求アンケート」を党の政策的発展にも生かされるようにしてほしいという提起もありました。大切な視点だと受け止めました。要求を聞き、要求実現のために奮闘するとともに、党の政策のバージョンアップに生かしていく。これも、〝国民によく見える形〟でとりくんでいくようにしたいと思います。

選挙勝利と党づくりを前進させる独自の活動が絶対不可欠となる

「要求対話・要求アンケートで新しい結びつきを広げる活動」は、選挙勝利と党づくりの両方に新しい前進の大きな条件をつくり出すことになるでしょう。

同時に、ここで強調したいのは、そうした新しい前進の条件は、自動的に選挙勝利と党づくりのとりくみの前進に結びつくものではない、ということです。それぞれを前進させようとすれば、「要求対話・要求アンケートで新しい結びつきを広げる活動」と一体に、それぞれを前進させる独自の活動が絶対不可欠になります。

選挙勝利についていえば、「要求対話・要求アンケートで新しい結びつきを広げる活動」を大きく広げることと一体に、支持拡大目標を正面にすえ、支持拡大に意識的にとりくむこと、担い手を広げる活動に意識的にとりくむことが必要となります。

党づくりについていえば、「要求対話・要求アンケート」を大きく広げることと一体に、またそれを通じて広がった条件を生かして、党大会で決定した目標の達成を正面にすえ、党員拡大と読者拡大の独自の追求を行うことが絶対不可欠となります。討論では、14カ月連続で全地区で入党者を迎えている長野県の経験が語られました。こういう執念をもったとりくみが全党に求められています。『しんぶん赤旗』を守りぬき発展させる100万読者回復・10億円募金」の成功も重ねて訴えるものです。

とくに世代的継承では、決議案が述べているように「二つのカギ」――長を先頭に党をあげてとりくむという一つ目の「カギ」、短期の目とともに中長期の目でとりくむことが必要になるという二つ目の「カギ」、これが重要になります。

長を先頭にした積極的なとりくみは、全国各地から討論の中で報告されましたが、千葉県西部地区からは、「あらゆる場面で世代的継承を断固つらぬく」活動をやりぬき、若い世代、現役世代への党員拡大を前進させている経験が語られました。「あらゆる場面で世代的継承をつらぬく」、これを全党の合言葉にしようではありませんか。

「要求対話・要求アンケートで新しい結びつきを広げる活動」と一体に、これらの独自のとりくみをやりぬいて、選挙勝利でも、党づくりでも必ず成功を勝ち取りましょう。

最後に、決議案でいう「一体に」とは、まず「要求対話」、つぎに「独自の活動」という段階論でなく、文字通り「一体に」ということだということを強調したいと思います。「要求対話」の運動をすすめるには、それなりの段取りや準備も必要でしょう。段階論におちいったら、1月は諸課題で大きな後退ということになりかねません。「要求対話」と「独自の活動」に同時にとりくみ、一体的・相乗的に推進するという姿勢が重要です。

（田村智子委員長は、ここで決議案の修正・補強について報告しました）

一刻を争って4中総決定の読了・討議をやりぬき、「大運動」に踏み出そう

決議案は、討論でも、全国からの感想でも、文字通り全党に待たれている内容になっています。4中総決定――これは、「決議」「志位議長の中間発言」「討論の結語」「100万読者回復・10億円募金の訴え」の四つを読了文献としたいと思います。一刻を争ってこの4中総決定の読了・討議をやりぬき、「500万要求対話・党勢拡大・世代的継承の大運動」の実践に足を踏み出そうではありませんか。

「大運動」の成功へ、中央役員のみなさんが心ひとつに奮闘することを呼びかけて、結語といたします。

（「しんぶん赤旗」2025年1月13日付）

タブーなく真実を報道する「しんぶん赤旗」を守り、発展させよう

100万人の読者に。10億円の支援募金を。「しんぶん赤旗」発行の危機打開へ、あなたのお力を！

２０２５年１月11日　第４回中央委員会総会

全国の支部と党員のみなさん、「しんぶん赤旗」読者、そして、「赤旗」に期待を寄せるすべてのみなさん。日ごろのご奮闘、ご購読、ご支援に心からの敬意と感謝を申し上げます。

いま、「赤旗」は、読者数の後退、諸経費の増大のため、発行の危機がいよいよ切迫しています。私たちは、この危機を乗り越え、「赤旗」の発行を守るため、読者を１００万人にし、「赤旗」支援募金を10億円集めることを決断し、ご協力、ご支援を、みなさんにお願いすることにしました。

昨年の総選挙では、自民党・公明党の政権与党を過半数割れに追い込み、改憲勢力は衆院で3分の2を割り込みました。これに日本共産党と「赤旗」が大きく貢献したこと、とりわけ、日曜版の一連の裏金報道、日刊紙の裏公認料２千万円のスクープが決定打となったことは私たちの誇りです。

総選挙後、党の本部に、「ありがとう『赤旗』」「応援したい」など、日刊紙、日曜版、電子版の申し込みが２９４３人にも達していることは私たちにとっても初めてのことです。選挙結果を、多くの国民が歓迎し、自民党政治に代わる新しい政治を模索し、探求する「新しい政治プロセス」が始まっています。「赤旗」の役割はいよいよ大きくなっています。

世界と日本の現実を直視し、さまざまな出来事の真実を伝える「赤旗」は、暮らしを守り、平和を願う国民の思いに正面からこたえることのできる新聞です。国民のなかにうずまく願いや要求、各界各分野のたたかいを励まし、各地の草の根のとりくみを伝えているのも「赤旗」です。政治を変えていくうえで、なくてはならない新聞ではないでしょうか。

ところがいま、この「赤旗」の経営が大変厳しい事態にあります。日刊紙は、年間十数億円の赤字であり、日曜版の読者数も後退が続いています。

そこで、「赤旗」の発行を守るために二つのお願いがあります。

一つは、現在、日刊紙、日曜版、電子版合わせて八十数万人の「赤旗」読者を100万人にするために、あなたのお力をお貸しいただきたいのです。

100万人の読者は、私たちが昨年1月の第29回党大会で決め、今年中に実現しようと決意した目標です。100万人の読者にできれば、発行を守ることができます。なによりも、社会の真実を知らせる力、デマやごまかしを許さない正義の力、世代と性別を問わず一人ひとりの幸せ、みんなの幸せを大事にする社会に変える力を大きくできます。選挙で日本共産党の議席を増やし、政治に国民の声が届く力を大きくできます。

ぜひ、あなたのお知り合いに「赤旗」の購読を勧めてください。対象となる方を紹介してください。「#『赤旗』を読もう」などSNSで広げてください。

もう一つは、今年1年間に10億円の「赤旗」支援募金をお願いしたいのです。

「赤旗」の発行を守るためには、読者を100万人にするとともに、そこに至る途上、とくに日刊紙の発行を支える10億円の募金が必要です。日曜版電子版の準備などのためにも必要です。

ぜひとも、あなたのご協力をお願いします。SNSなども使い、お知り合いにも広く呼びかけていただきたいのです。

私たちは、「赤旗」を守り抜くことは、党にとってはもちろん、日本社会の民主主義にとっても必要な国民的事業だと考えています。献金をテコにした財界の利益優先の政治、「日米同盟」絶対のアメリカいいなり政治をやめさせ、平和と暮らし・民主主義のために働く、「闇夜のなかで輝く理性と良心のたいまつ」である「赤旗」を絶対になくすわけにはいきません。ひきつづき、紙面の改革に全力を尽くします。

「しんぶん赤旗」を守るため、みなさんのお力をお貸しください。心からお願いします。

（「しんぶん赤旗」2025年1月12日付）

〈**「赤旗募金」の送り先**〉

○中央委員会に郵便振替で送金する場合は、次にお願いします。

【口座番号】　00170－7－98422

【加入者名】　日本共産党中央委員会

通信欄に「赤旗募金」と記入のうえ、住所、氏名、職業をお書きください。

○日本共産党のホームページのエントリーから入ることで、クレジットカードでの送金もできます。

○募金は、最寄りの都道府県・地区委員会事務所、または党員にお渡しください。

第4回中央委員会総会について

2025年1月11日　日本共産党中央委員会書記局

一、日本共産党第4回中央委員会総会は1月10、11の両日、党本部で開催され、中央委員180人、准中央委員24人が出席した。

一、田村智子幹部会委員長が4中総決議案について提案報告を行った。報告では、4中総の任務について、参院選・東京都議選の勝利、第29回党大会が決めた党建設の目標をやりとげる展望を開くことをめざし、①「新しい政治プロセス」のもとでの党の政治任務を明らかにし、参院選をたたかう基本方針をしめす、②総選挙の教訓を明らかにし、ただちに参院選・都議選勝利の活動に生かす、③選挙勝利のとりくみと一体に世代的継承を軸とした党づくりをどう進めるか、到達点をふまえ活動の方針と目標達成への展望を明らかにする――の三つの主題をのべたうえで、決議案を読み上げて説明した。

一、小池晃書記局長が、4中総の訴え「タブーなく真実を報道する『しんぶん赤旗』を守り、発展させよう――100万の読者に。10億円の支援募金を。『しんぶん赤旗』発行の危機打開へ、あなたのお力を！」について提案報告を行った。

一、志位和夫議長が、決議案をつかむうえでのいくつかの核心的な問題として、①参院選をたたかう政治論戦の基本、②経済論戦でどうやって党の値打ちを際立たせるか、③党活動の基本的構えの問題――について中間発言を行った。

一、総会では71人が討論し、決議案の内容を深め、参院選・都議選勝利に向けて具体化・実践に奮闘する決意を固めあった。

一、田村智子委員長が、幹部会を代表して討論の結語を行った。

一、総会は、4中総決議案と志位和夫議長の中間発言、田村智子委員長の結語を全員一致で採択した。また、100万読者、10億円募金の「訴え」を全員一致で採択した。

一、総会は、参院選・都議選での躍進を必ずかちとる奮闘を誓い合って閉会した。

（「しんぶん赤旗」2025年1月12日付）